SECRETOS DEL PLANETA TIERRA

Carron Brown

Ilustrado por Wesley Robins

Kane Miller
A DIVISION OF EDC PUBLISHING

La Tierra es el planeta
donde vivimos.

Recorre las regiones polares, bucea bajo las olas del mar y explora los bosques tropicales para descubrir las maravillas de nuestro hermoso planeta.

Ilumina el reverso de las páginas con una linterna o míralas al trasluz para revelar los secretos escondidos. Te espera un mundo lleno de sorpresas increíbles.

¿Qué es esta bola ardiente en el espacio?

¿Será el sol?

No, ¡es el interior de la Tierra!

El interior de la Tierra es muy caliente, pero nosotros vivimos en la superficie más fría.

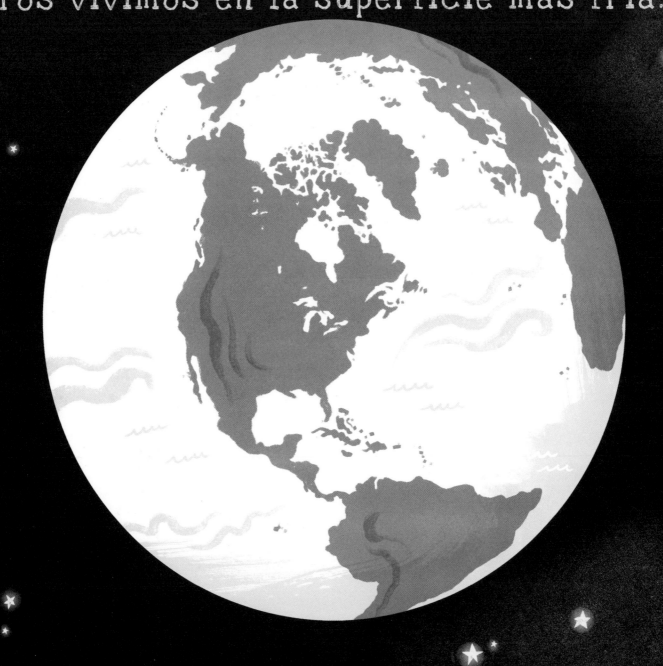

El sol es una estrella que da luz y calor
a la Tierra. Aparece en el cielo al amanecer.

¿Ves todo el sol?

Cuanto más alto sube el Sol en el cielo, más brilla y la noche se convierte en el día.

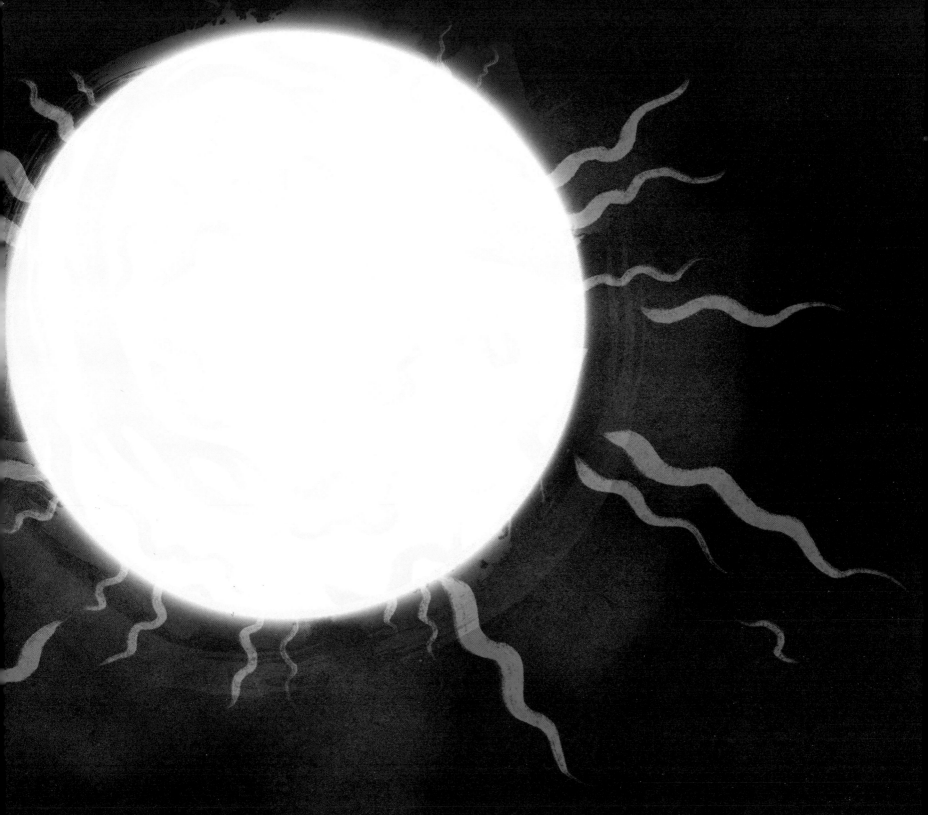

Las montañas son los lugares más altos de la Tierra. En la cima de las montañas hace frío y muchas veces nieva.

¿Ves la montaña grande?

¡Aquí está!

Unos excursionistas escalan la montaña.
Deben ir con cuidado porque es muy empinada.

¡Cranch!   ¡Cranch!

Los volcanes son montañas que explotan y se abren por arriba.

¿Qué sale por la boca del volcán?

¡Es lava!

La lava es roca derretida
y caliente que sale del
interior de la Tierra.

Sale por túneles que
hay dentro del volcán.

¡Fuush!

Los ríos fluyen de la tierra al mar. El agua de los ríos viene de la lluvia y de la nieve.

¿Qué es eso que salpica detrás del acantilado?

Es una catarata.

El agua del río cae
por el acantilado
al mar.

¡Plas!

Todas las plantas y los animales necesitan agua para vivir. La mayor parte del agua de la Tierra está en los océanos salados.

¿Qué animales ves debajo de las olas?

En los océanos viven animales grandes y pequeños.

Hay peces, tortugas, delfines, corales, cangrejos y muchos más.

En los extremos norte y sur de la Tierra hace mucho frío y hay hielo. En el océano Antártico hay icebergs enormes. ¿Puedes ver todo el iceberg?

Bajo la superficie del agua hay mucho más hielo.

Los pingüinos atrapan peces y las ballenas comen animales muy pequeños llamados kril.

La costa es donde la tierra se une con el mar.
Aquí encontrarás
rocas y arena.

¿Ves la arena?

Esta es una playa de arena.

La arena está hecha de pequeños trozos de roca y minerales que se depositan en la costa.

Los desiertos son los lugares más secos de la Tierra. En los desiertos casi nunca llueve. Los desiertos de arena suelen ser muy calurosos durante el día.

¿Dónde se meten los animales para refrescarse?

Debajo de la arena porque no hace tanto calor.

Estos jerbos viven en túneles subterráneos.
Salen por la noche cuando hace frío.

¡Cava!

¡Cava!

¡Cava!

Los pastizales son zonas amplias y planas con pocos árboles.

Los elefantes comen pasto y lo arrancan con su larga trompa.

¿Quién los está observando?

Los observa un grupo de suricatos.

Están en posición de alerta y si ven un peligro, se avisan unos a los otros.

¡Cucu!

Los bosques tropicales son muy húmedos.
Ahí crecen muchas plantas.

Muchas frutas vienen de los bosques tropicales,
como los plátanos y las piñas.

¿Quién más come fruta?

¡Ñam!

Los monos araña trepan árboles para comer fruta.

En los bosques tropicales viven miles de animales diferentes.

¡Ñam!

Está lloviendo. Las nubes grises
están llenas de gotas de lluvia.

¿Qué tipo de tormenta es?

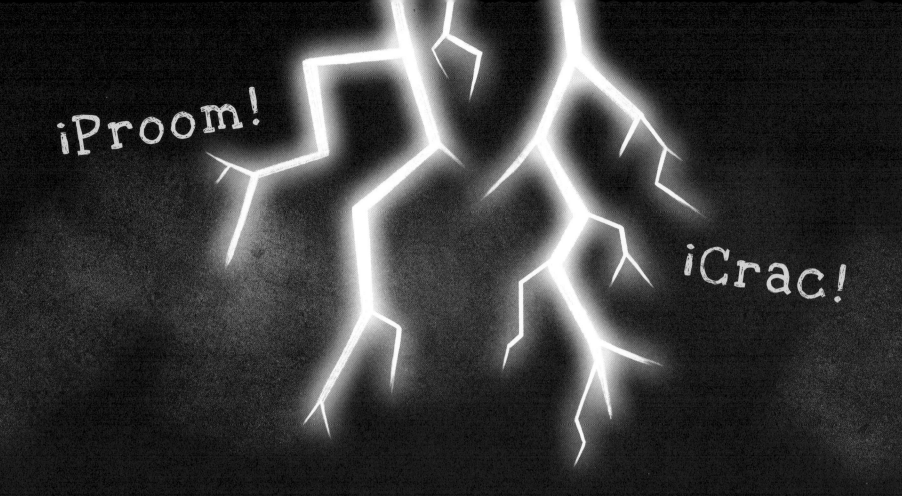

¡Proom!

¡Crac!

Es una tormenta con rayos y truenos.

Un rayo es una descarga de electricidad en el cielo. Después de caer un rayo se oye el ruido del trueno.

El viento es aire que se mueve alrededor de la Tierra. Puede ser suave como una brisa o fuerte como un vendaval.

¿Qué máquinas se mueven con el viento?

Las aspas de los molinos se mueven con el viento y producen electricidad.

En todo el mundo vive gente, pero sobre todo en los pueblos y en las ciudades.

En las grandes ciudades hay mucha gente.

¿Cuántas personas ves en este tren?

Se hace de noche. Cuando se pone el sol,
el cielo se vuelve rojo y las nubes, moradas.

¿Qué ves detrás de las nubes?

¡Zum!

La luna y las estrellas que están
en el espacio.

Las estrellas fugaces son trozos de roca
espacial. Se queman al viajar hacia la Tierra.

En este lado del mundo empieza un nuevo día,
mientras que en el otro lado se hace de noche.

En todo el mundo pasan cosas increíbles
todos los segundos del año. ¿Qué sorpresas
nos encontraremos mañana?

Aún hay más...

Escala las montañas, paséate por la selva tropical, atraviesa los desiertos y navega por el mar para descubrir más sobre el planeta Tierra.

Montaña La montaña más alta del mundo es el Everest, en los Himalayas. Mide 29,029 pies de altura.

Bosque tropical Los bosques tropicales crecen en lugares calurosos donde llueve mucho. El bosque tropical más grande es el Amazonas, en Sudamérica.

Pastizales Los pastizales se llaman grandes praderas en América del Norte, pampas en Sudamérica, sabanas en África y estepas en Europa y en Asia.

Regiones polares Las zonas heladas en los extremos norte y sur de la Tierra, se llaman regiones polares. El Polo Norte está en el Ártico y el Polo Sur está en la Antártida.

Desierto Hay desiertos de arena, de roca y de hielo. La Antártida, una región helada, es el desierto más grande de la Tierra. ¡En el Polo Sur hace tanto frío que no puede llover!

Océano La Tierra tiene cinco océanos, de mayor a menor, son el océano Pacífico, el océano Atlántico, el océano Índico, el océano Antártico y el océano Ártico.

Río Un río comienza en la cima de una colina o una montaña y la mayoría acaba en el océano. El río más largo de la Tierra es el Nilo, en África.

Ciudad En una ciudad vive mucha gente y hay muchos edificios. La ciudad más grande del mundo es Tokio, en Japón, donde viven casi 38 millones de personas.

First American Spanish Language Edition 2019
Kane Miller, A Division of EDC Publishing

Spanish translation by Ana Galán
First published in the US in English in 2017 under the title,
Secrets of Our Earth.
Copyright © 2017 Quarto Publishing plc

For information contact:
Kane Miller, A Division of EDC Publishing
PO Box 470663
Tulsa, OK 74147-0663
www.kanemiller.com
www.edcpub.com
www.usbornebooksandmore.com

Library of Congress Control Number: 2018946303

Printed in China

ISBN: 978-1-61067-911-4